Saskia Hula

Guter Gott, behüte mich

Kindergebete

Illustriert von
Tizia Hula

D1666531

kbw bibelwerk

Wer?

Wer hat die ganze Welt gemacht?

Wer hat sich die Bäume ausgedacht,
die Vögel, die Fische, die Sterne?

Wer hat den Berg auf die Wiese gestellt?

Wer hat beschlossen:
    Der Hund, der bellt?

      Das wüsste ich
wirklich gerne!

Was ich schon lange wissen will

Was ich schon lange wissen will:
Ist´s im Himmel immer still?
Siehst du alles, was ich tue?
Brauchst du manchmal deine Ruhe?
Wo sind meine Fußballschuhe?

Lachst du, wenn was lustig ist?
Weißt du selbst, wie groß du bist?
Fühlst du dich manchmal allein?
Willst du nie wer anderer sein?
Lass es morgen bitte schneien!

Kann man auf den Wolken stehen?
Musstest du zur Schule gehen?
Magst du gerne Haselnüsse?
Hast du manchmal nasse Füße?
Ich muss jetzt schlafen.
Liebe Grüße!

So wie ich bin

Dass ich so bin, wie ich bin,
einmal dick und einmal dünn,
einmal groß und einmal klein,
kann doch gar kein Zufall sein!

Auf der ganzen weiten Welt
Hab gerade ICH gefehlt!

Ich mit meinen großen Ohren
wurde in die Welt geboren,
nur, damit´s mich endlich gibt.
Schön, dass Gott mich so sehr liebt!

Ein kleines, feines Lied

Manchmal ist das Leben
wie ein kleines, feines Lied,
und dann nimmt es mich mal eben
auf die Reise durch die Wolken mit.

Manchmal ist das Leben
wie ein langer, banger Schlauch.
Und ich steh total daneben,
und ganz leer fühl ich mich auch.

Manchmal ist das Leben
für mich gar nicht zu verstehn.
Mir hast du so viel gegeben,
andere müssen betteln gehen.

Manchmal ist das Leben
wie ein kleines, feines Lied,
und dann nimmt es mich mal eben
auf die Reise durch die Wolken mit.

Mein Opa

Ist mein Opa jetzt bei dir?
Gib ihm einen Kuss von mir!
Sag ihm, dass er mir so fehlt
wie sonst nichts auf dieser Welt!

Geht es meinem Opa gut?
Seinen alten Sonnenhut
hebe ich für immer auf,
lege meinen Kopf darauf,
schlafe ein und wache auf.

Ach, wie leer ist unser Haus
ohne ihn! Ich lauf hinaus,
sitz auf seiner Lieblingsbank,
fühle mich im Herzen krank.

Wartet er bei dir auf mich?
Wie ich ihn kenne, sicherlich.

Wandertag

Morgen haben wir Wandertag,
und weil ich so gern wandern mag,
so bitte ich dich inniglich
um Sonne für den ganzen Tag!

Denn regnet´s morgen, gehen wir
anstatt zu wandern bis um vier
nur in die Bücherei,
von acht Uhr bis um zwei.
Da war ich schon, das sag ich dir!

Der Benjamin hingegen,
der wünscht sich sicher Regen!
Sportunterricht,
den mag er nicht.
Und Wandern muss man mögen!

Jetzt frag ich mich, wer von uns zweien
wird wohl beim Beten schneller sein?
Er oder ich? Und wer darf sich
dann morgen über´s Wetter freuen?

Tausend Sterne

Tausend Sterne über mir,
   sie kommen und vergehen.
Ein kleines Zipfelchen von dir
   möcht ich so gern mal sehen!

Ich wünsch mir so, dass es dich gibt

Von allen Menschen, die ich kenne,
hat keiner dich gesehen.
Und doch tun viele so, als würden
sie dich genau verstehen.

All das, was in der Bibel steht,
das ist schon so lang her!
Und manches kann ich nicht verstehen,
es ist mir viel zu schwer.

Ich wünsch mir so, dass es dich gibt,
ich wünsch es mir ganz fest!
Denn ohne dich, da fühl ich mich,
ganz wie ein junger Vogel – ohne Nest.

Wenn ich groß bin

Wenn ich groß bin, möchte ich
– das weiß ich schon seit Wochen! –
als Astronaut ins Weltall fliegen
und oben Suppen kochen.

Nächstes Jahr, da spiele ich
im Schulteam Basketball.
Ein bisschen wachsen muss ich aber
noch auf jeden Fall!

Und im Sommer werde ich
mit dem Kopf voraus
elegant ins Wasser springen
so wie mein Bruder Klaus.

Übermorgen haben wir
unseren Rechtschreibtest.
Noch schreib ich fast alles falsch,
doch ich übe fest!

Lieber Gott, du siehst es schon:
Ich plane allerlei.
Ich wünsch mir so, dass alles klappt!
Drum: Hilfst du mir dabei?

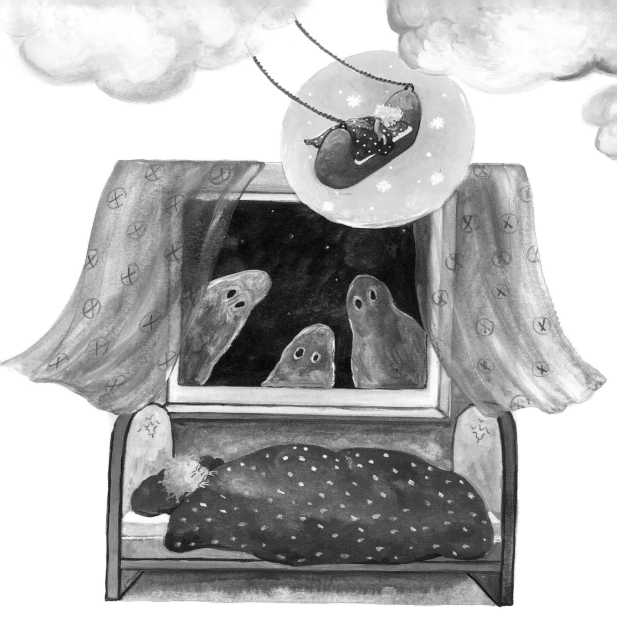

Ich habe Angst

Monster, Geister, Schreckgespenster,
wilde Räuber vor dem Fenster,
Krokodile unterm Bett,
wenn ich doch mehr Muskeln hätt!

Zahnärzte, die Zähne reißen,
Hunde, die mich sicher beißen,
Bankräuber mit Schießgewehr,
wenn ich doch wer anderer wär!

Große Buben, die laut lachen,
über mich sich lustig machen,
Impfungen aus großen Spritzen
bringen mich sofort zum Schwitzen!

Ach, ein kleines bisschen Mut
täte mir heut sicher gut.
Lieber Gott, ich frage dich:
Kommst du und beschützt du mich?

Ich hör dich lachen

Ich hör dich lachen, lieber Gott,
dort hinter diesem Strauch!
Und wenn du lachst, dann lache ich
wie ganz von selber auch.

Ich hör dich lachen, lieber Gott!
Ich mag es, wenn du lachst!
Die Welt, sie wird ganz einfach schöner,
wenn du Späße machst!

Ich hör dich lachen, lieber Gott,
an ganz besonderen Tagen.
Dass ich dich manchmal hören kann,
das wollt ich dir nur sagen!

www.bibelwerk.de

ISBN 978-3-460-24264-7
Satz und Layout: www.summerer-thiele.de
Druck: fgb freiburger graphische betriebe